TE AMO
PORQUE
ME AMO

TE AMO PORQUE ME AMO
Reencontrando el amor propio

Verónica Gutiérrez

Alejandro C. Aguirre Publishing/Editorial, Corp.
(917) 870-0233
www.alejandrocaguirre.com

Alejandro C. Aguirre Publishing/Editorial, Corp.
1 (917) 870-0233
www.alejandrocaguirre.com

TE AMO PORQUE ME AMO

Verónica Gutiérrez

Número de Control de la Biblioteca del Congreso de EE. UU.:
ISBN: 9798550705308
Copyright © 2020 por Verónica Gutiérrez. Alejandro C. Aguirre
Publishing/Editorial, Corp.

Fecha de revisión: 10/21/2020

Para realizar pedidos de este libro, contacte con:
Alejandro C. Aguirre Publishing/Editorial, Corp.

Dentro de EE. UU. Al 917.870.0233
Desde México al 01.917.870.0233
Desde otro país al +1.917.870.0233
Ventas: www.alejandrocaguirre.com

DEDICATORIA

Esta obra está dedicada a usted, querida lectora. Cuídese mucho. Trátese con cariño y atención. Entonces su alma entrará en calor y desplegará sus alas.

Verónica Gutiérrez

AGRADECIMIENTOS

En primer lugar, agradezco a Dios por la oportunidad de permitirme disfrutar de esta experiencia llamada vida.

También quiero agradecer a las dos personas que dieron la vida, mis padres, Carmen Franco y Luis Gutiérrez.

Así mismo, me gustaría agradecer a mi esposo Miguel Velázquez y a mis hijos Miguel y Julián por su amor incondicional.

Por último, me gustaría reconocer a todas y cada una de las mujeres que me han acompañado en este despertar al amor propio como parte del Grupo Mariposas Unidas. En especial, a mi amiga, hermana, socia, secretaria, colega y cómplice, Guadalupe Rodríguez.

Verónica Gutiérrez

ÍNDICE

Verónica Gutiérrez

PRÓLOGO

La Real Academia de la Lengua Española define el amor como «el sentimiento intenso del ser humano que, partiendo de su propia insuficiencia, necesita y busca el encuentro y unión con otro ser». Y es justamente a partir de nuestra propia insuficiencia que María Verónica Gutiérrez parte en este libro para mostrarnos, por medio del ejemplo y sus experiencias de vida, cómo es posible lograr nuestras metas y cumplir nuestros sueños al recuperar el amor propio: ese amor tan grande, tan fuerte y tan maravilloso que enseña a amar mediante el poderoso proceso de amarnos a nosotros mismos.

«Te amo porque me amo», la frase central de esta maravillosa obra, trasciende las barreras del lenguaje y toca fibras sensibles de nuestro corazón y de nuestra alma. Abre las puertas de la superación personal y, simultáneamente, nos muestra la forma en la que podemos influir en los demás para mejorar su vida.

En este libro, ingeniosamente ideado y ejecutado por María Verónica Gutiérrez, la autora abre su corazón y su mente un abanico de situaciones que nos permiten identificarnos con la autora y aprender a reconocer las actitudes de desvalorización, autosabotaje y ausencia de amor propio, con el objetivo de dejar atrás las máscaras a las que recurrimos para sobrellevar el día a día.

De la misma forma que María Verónica usa la pluma para retratar una vida de altos y bajos, de amores y decepciones, de traumas y superación y recurre a su historia para resaltar las reflexiones y enseñanzas mediante las cuales creció y se convirtió en una mujer fuerte, exitosa, dichosa, repleta de amor y reconocimiento, usted, estimada lectora, puede absorber las palabras y transformarse de vuelta en esa persona maravillosa que siempre ha sido, pero había olvidado.

Permita que las palabras la envuelvan y la transporten en una aventura de emociones, reflexión, aprendizaje y crecimiento. Le aseguro, querida lectora, que los próximos capítulos transformarán su vida para bien, si usted lo permite. Finalmente podrá comprenderse a usted misma y a los demás mediante el arte de la introspección. De igual forma, a lo largo de las próximas páginas, aprenderá acerca magia del amor propio y los efectos extraordinarios que éste puede tener en su corazón y su alma. Como decía Leonard Cohen, autor canadiense, «El amor no tiene cura, pero es la única cura para todos los males».

INTRODUCCIÓN

LA CHISPA DE INICIO

Soy una mujer que aprendió a desaprender lo aprendido. Soy una mujer que se curó a sí misma y, de esta forma, encontró el amor propio con la fórmula maestra de desaprender para aprender. Me considero una mujer inquieta y soñadora, incluso un tanto fantasiosa, lo cual me ha ayudado a fluir en la vida. Descubrí que, así como entendí que soy la máxima expresión de amor de Dios, yo podía inspirar a otras mujeres a comprender lo mismo. Tras años de buscar afuera de mí las respuestas que mi alma quería saber, supe que lo que buscaba estaba en mi interior. Todas y cada una de las preguntas tenían respuestas si yo guardaba silencio y observaba mi comportamiento y no me juzgaba.

Un día hace tiempo, escuché que el amor propio es para las mujeres valientes. Yo pensé de inmediato: soy una de ellas y estoy dispuesta a hacer lo imposible posible para lograr mis metas. En el querer está el poder y no había nada que yo quisiera más que amarme. Me dije: manos a la obra, es momento de pulirme y exaltar ese brillo que alguna vez existió, pero se vio opacado por unas cuantas creencias limitantes.

EL APRENDIZAJE

Me enfoqué en observar y analizar a la gente que se amaba a sí misma. Puse atención en lo que ocurría en sus vidas y noté que era muy diferente a la mía. Tenían resultados deseables en cuanto a salud, amor, paz y economía. Me dije a mí misma: «Verónica, atrévete a lograr aquello que tienen los que se aman». Tuve que enfrentarme con la oscuridad que habitaba en mí: esa porción oculta que no sabía que existía. Afortunadamente, también conocí la parte luminosa. Jamás me había sentado a analizarme ni, muchos menos, a cuestionarme nada de nada. Para mí, la vida debía transcurrir como una telenovela, donde la protagonista estaba destinada a sufrir para merecer. Así aprendí de las mujeres con las que me eduqué. Ellas también tenían una vida de telenovela, de modo que aprendí a ser la víctima de víctimas. Me quejaba hasta del aire que respiraba. ¡Oh Dios! El cambio pintaba para demasiado complicado. Pero nadie podía ayúdame. Lo tenía que hacer yo misma.

Usted que hoy comienza a leer este libro, quizá esté pensando lo mismo que yo: ¿qué ocurre si yo no me amo, si no me valoro y dejo las cosas tal como son y están? Le diré: perdería de una bendita vida completa. Jamás se daría cuenta de lo que se siente ser la reina, la mujer de las perlas, la mariposa de alas mágicas, la que se ama para que luego la amen de la misma manera, la mujer que brilla y deja huella por donde pasa. Nunca se convertiría en la persona a la que se le extraña por su sabiduría, no por su victimismo. Hoy le digo: el amor propio es algo que podemos elegir, de

TE AMO PORQUE ME AMO

la misma manera que optamos por la ira el odio o la tristeza. Es una elección que está siempre dentro de nosotros. Por lo anterior, lo invito a que comience ahora mismo a elegir amarse. Yo lo acompañaré en el camino y estaré a su lado a lo largo de las próximas páginas, animándolo a seguir.

Este libro está hecho y diseñado para usted. Existe porque usted existe. Tiene por objetivo que, al final de todas estas páginas, usted pueda decir: «Te amo porque me amo».

LA INVITACIÓN

Antes de que comience a leer este libro, le quiero pedir un favor: imagine que este libro lo escribió usted. Sí, usted. Lo anterior porque todos tenemos algo que escribir. Todos, sin excepción, tenemos una vida que contar y escribir, la cual puede ayudar a alguien más por ahí y motivarlo a superar los obstáculos.

Me gustaría hacerlo partícipe de este libro. El propósito de esta obra no es que la lea y la guarde en un armario. Este libro fue escrito con corazón, alma y mente. En el encontrará las respuestas a sus preguntas. Sentirá chispazos a su corazón. Entenderá que, si usted quiere, usted puede.

Por ahora, yo seré quien escriba en su nombre, aunque sé que pronto lo hará usted por usted misma. Yo estaré siempre a su lado para apoyarla e impulsarla, pues entiendo que escribir un libro es un reto enorme, en especial cuando se escribe de la vida propia.

Así que bienvenida a esta aventura, donde usted y yo seremos cómplices.

«Te amo porque me amo».

«Debemos vivir. Lo demás,
lo iremos viendo».

CAPÍTULO
1

LA PÉRDIDA DEL AMOR HACIA SÍ MISMO

«Cuando deje de hacer ruido, mi silencio comenzó a hablar».

EL REENCUENTRO CONMIGO MISMA

Recuerdo que, hace tiempo, comencé a preguntarme si todo lo que hablaban sobre mi nacimiento y mi niñez era cierto. Decían que nací hermosa, grande, con ojos enormes y expresivos. Decían también que, hasta los siete años, yo mostraba una inteligencia increíble y era ordenada y tranquila, amorosa y compasiva. Sin embargo, decían que esos dotes se habían ido perdiendo poco a poco y, para los catorce años, de esa niña no quedaba casi nada. Mi cara sufría de tremendas imperfecciones por acné, que reflejaban supuestamente la percepción que los demás tenían de mí. Además, la rebeldía me caracterizaba, tanto en la ropa que vestía como en la forma en la que me comportaba. A esa edad, mi familia no contaba con ningún comentario agradable hacia mí. En realidad, ni siquiera yo sabía quién era ni en lo que me había convertido. No siempre buscaba respuestas. En muchas ocasiones me conformaba con ser la rebelde sin causa: la oveja negra descarriada. Consumía alcohol ocasionalmente, pero tengo poca tolerancia al alcohol, de modo que me sentía débil y fatigada. Me fascinaba cerrar los ojos y sentir que volaba; olvidar, por un rato, que había una tristeza dentro de mí, disfrazada de alegría falsa y rebeldía.

En medio de la perdición, surgió la luz. Me invitaron a un retiro espiritual con duración de una semana. Me fascinó la idea porque imaginaba que ahí descubriría muchas cosas sobre mí; sin embargo, pasaron los días y no encontraba nada que me hiciera sentir distinta. Le comenté a un participante del retiro y me dijo: «Pídele a Dios que haga un milagro en ti y verás cómo es que lo hace». De inmediato acudí a la capilla, me arrodillé frente al altar donde se encontraba a Jesús crucificado y brotó de mí un llanto intenso. Los recuerdos volvieron a mí a raudales. Me vi a mí misma con un vestido color azul y una pelota en mis manos y, después, mi carita llena de miedo y dolor al comprender que un hombre abusaba sexualmente de mi cuando tenía cinco años.

Frente a ese altar comprendí que esa era la tristeza que no lograba identificar y que, por lo ocurrido, me había transformado en una niña temerosa y rebelde. Esa rebeldía era la forma en la que pedía ayuda a gritos.

Aún ahí, frente a Dios, imaginé muchas cosas sin sentido. Pensé que estaba dañada en alma y cuerpo y, por ello, yo no tenía valor de mujer. Estaba sucia, manchada. Me conformé con creer que era mala, diabólica. Con esa idea en mente, traté de buscar un juguete llamado guija, con el cual sólo me llevé el mayor susto de mi vida entera. Pero nunca pedí ayuda. ¿Por qué no le dije a nadie? Imaginaba que no me iba a creer porque habían pasado muchos años desde aquel día y porque tenía una personalidad difícil.

ENSEÑANDO CON EL EJEMPLO

El objetivo de esta historia es que usted encuentre el momento exacto donde usted perdió el amor propio y, para lograrlo, relataré algunas historias sobre mi vida. Todos nacemos repletos de amor y lo perdemos poco a poco por varios eventos y situaciones.

En mis talleres de amor propio actúo y personifico las pequeñas partes de mi vida con las que pienso que las asistentes se pueden relacionar y, de esta manera, entender la motivación para su desvalorización y desamor propio.

Me encantaría que, mediante este libro, usted pueda descubrir aspectos escondidos y averigüe quién era cuando los demás aún no le dijeran quién debía ser.

«De mujer a mujer, libere
su amor propio».

«Las alas no son de lujo.
¡Úselas ya!».

CAPÍTULO
2

LAS CAUSAS Y EFECTOS DE LA AUSENCIA DEL AMOR PROPIO

«Y me quite las alas para guárdalas bajo una y mil llaves».

LAS MÁSCARAS QUE TODOS USAMOS

Sin lugar a duda, el principal motivo por el que perdí mi amor propio fue el abuso sexual que viví durante mi infancia; sin embargo, existen otras causas, cada una muy distinta de la otra. Por ejemplo, mi madre me enseñó que el sexo era algo pecaminoso y sucio, motivo por el cual, me creí pecadora y sucia. De ser una niña muy inteligente y limpia en cuanto a mi forma de vestir y mi higiene personal, me volví sucia: jugaba con las aguas sucias de los charcos cuando llovía y trataba de que la ropa se desgarrara se rompiera trepando a lugares peligrosos; también me hice las peores de las estudiantes. Quería crearme una máscara de quien no era. No fue difícil. Tenía muchos ejemplos de donde aprender.

Recuerdo haber hecho las peores cosas a edad para que mamá se fijara en mí y me prestara atención, aunque fuera por el motivo incorrecto. Me golpeaba y así, yo sentía que me amaba y le importaba. Ahora, gracias a la profesión a la que hoy me dedico y por las terapias impartidas que doy a muchas mujeres, me he dado cuenta que la misma herida de abuso puede manifestarse con diferentes máscaras y diferentes comportamientos que pueden tener estragos importantes en la vida de las personas.

Respecto a las máscaras y las heridas, tengo claro que todos los seres humanos llevamos un sinfín de ellas y las alternamos dependiendo de la ocasión. Si usted insiste en que nunca ha usado una máscara jamás, le pido que cierre este libro, porque estas páginas no son para usted. Este libro existe para las mujeres que buscan el amor propio intensivo; existe para las mujeres enfadadas de esconderse de sí mismas y de los demás, de vivir una vida sin amor propio, una vida desvalorizadas.

Si, pese a que lo invité a cerrar el libro, continúa leyendo, debe saber que existe el riesgo de que, a lo largo del proceso de reencontrarse, se tope con aspectos que no le agraden sobre usted misma, al verse reflejado en mí. Lo que le prometo es que, al final de estos capítulos, usted hallará lo que yo hallé y su vida cambiará por completo.

¡Bienvenido a este mundo de amor propio!

LAS PÉRDIDAS

Los efectos asociados a la pérdida de amor propio y, por lo tanto, una aparente pérdida del valor, son diversos: no aceptar que todos tenemos una máscara que mostramos al mundo, no apostar ni un centavo por una misma, permitir que los demás administren nuestras vidas, recurrir al victimismo y la queja, vivir de matrimonio en matrimonio o de noviazgo en noviazgo culpando al otro del fracaso, sentir un vacío en el alma pese a tenerlo todo, hablar mal de los demás, juzgar, criticar y calumniar, entre muchas, muchas otras cosas. Sin embargo, el amor propio tiene un gran poder en el ser humano; el amor propio contrarresta todos los males. Además, ese poder tan especial puede extenderse a los demás por medio del ejemplo. «Por tus frutos serás reconocido», dijo alguna vez Jesús de Nazareth.

Yo he intentado transmitir el valor del amor propio a mis hijos. Soy madre de dos jóvenes. En su infancia, no les enseñé lo que era el amor propio; no les puse ese ejemplo tan valioso del que hoy hablo. ¿Cómo podía enseñarles si yo misma lo había perdido? Muy por el contrario, les enseñé los vacíos, las verdades incuestionables, las semejanzas. Los eduqué de la misma forma en la que a mí me habían educado. Los colmé de creencias erróneas. Los crie en el ruido para que no supieran escucharse ni pudieran distinguir quiénes eran realmente. Los domestiqué. Los llené de dogmas, religión y miedos. Les enseñé que, para obtener el amor de los demás, había que llamar la atención por medio de dramas y chantajes.

Afortunadamente, me casé con un hombre completamente diferente a mí: polos opuestos. Hoy doy gracias a Dios por ello. Sin embargo, resulta innegable que él tenía sus máscaras también. Sus máscaras y las mías en conjunto, condicionaron que nuestra familia creciera carente de amor propio. A los treinta y siete años, entré en un cambio hormonal muy fuerte, el cual se potenció por un trastorno depresivo severo. Incluso presenté ideación suicida. Como parte del manejo, recibí terapia farmacológica por medio de pastillas y también tuve manejo por psicoterapia. Durante una de las sesiones, puede entender que nunca había trabajado el abuso que sufrí de niña y ese trauma latente condicionaba estragos en mi cuerpo y en mi alma. El psicólogo me recomendó hablar con mi madre al respecto contarle todo. Yo me negué porque pensaba que no me creería y porque temía causarle dolor. Para entonces teníamos una muy buena relación.

Así transcurrieron tres años, durante los cuales la medicación me hizo dormir la mayor parte del tiempo. Durante esa etapa, recibí la triste noticia: mi madre falleció y yo, por falta de documentos, no pude acudir a su funeral. Mi cabeza dio miles de vueltas y vueltas, mas no podía llorar, debido a los efectos del medicamento. No obstante, el dolor era insoportable. Desgarraba mi pecho, mi corazón. Sentía como si una parte de mi estuviera muerta. Perdía conexión. Y, en medio de la agonía, era incapaz de volar a mi país natal para ver por última vez los restos de ese ser que me había dado la vida. Me resultaba imposible despedirme de mi mamá. Era demasiado tarde para poder explicarle el motivo por el que la había hecho sufrir tanto con mi rebeldía, para decirle que yo sufría, aunque ella no lo creyera, para expresar que le tenía miedo a todo y todos, para demostrarle que nunca fui tan fuerte como lo parecía.

Ahora le pregunto a usted, ¿se ha quedado con secretos guardados como yo y se ha puesto alguna de tantas máscaras para sobrellevar el mundo que nos tocó vivir?

PROGRAMACIÓN DESDE LA CUNA

Permítame profundizar un poco en mi historia y hablarle acerca de las reflexiones que se han suscitado en mi mente desde el momento en el que entendí dónde se encontraban los errores que me habían marcado:

Crecí en una familia muy numerosa. Éramos once, para ser más exactos: mi madre, mi padre, mis ocho hermanos y yo. Yo era de las menores. Como imaginará, hubo mucho de donde aprender antes de salir al mundo y mostrar quien era.

Está científicamente comprobado que un ser humano es programado en sus primeros siete años de vida en cuanto a creencias de empoderamiento y limitantes. El problema es que nada de lo que es aprendido en esa etapa de la vida es planeado por nosotros mismos. Todo, absolutamente todo, proviene del exterior: de la familia, del entorno, de la religión. Cada persona nace con cero millas recorridas, cero instrucciones, cero personalidad. Nosotros no elegimos nuestro nombre, apellido ni religión. Nuestros padres nos enseñan lo que consideran correcto. ¿Cómo te hubiera gustado llamarte? A mí me hubiera encantado ser Catherine; sin embargo, cuando me bautizaron como Verónica, no podía hablar para expresar mis deseos. Sólo dormía y lloraba para que me alimentaran.

Así, durante los primeros siete años de vida de todo ser, los adultos nos programan para que aprender a comportarnos según se necesite en cada situación. Nos enseñan a comer, a vestirnos, a bañarnos, a cepillarnos los dientes, a ir a la cama a una hora, a levantarnos a tiempo: todo lo necesario para pertenecer a una sociedad y actuar acorde.

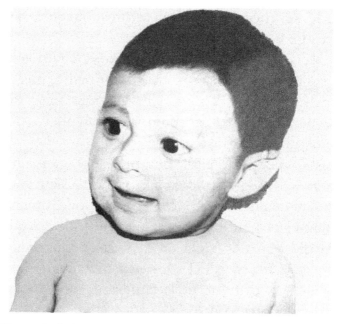

Esta bebé soy yo: María Verónica Gutiérrez Franco, a los cinco meses de edad. Si observas la fotografía, podrás notar mis ojos, mi sonrisa y mi cuerpo, sin rastro de vergüenza al no tener una blusa puesta. Con una de mis manitas espero recibir algo. Podría parecer una foto cualquiera, en un contexto cualquiera; sin embargo, yo no decidí posar para esa foto. Mi familia decidió hacerme posar para recordarme a esa edad: la edad en la que era una reina. Porque en 1974, yo era la reina. Era una nena mimada, que todos querían abrazar y contemplar.

Esa etapa fue hermosa, según me platican. Crecí amada, querida, cuidada por las personas que me rodeaban. Mi mamá decía que yo era muy inquieta, pero muy inteligente: parecía que a esa corta edad ya quería hablar y hasta quería caminar. Mi papá aseguraba que nací muy grandota: una maravilla de mujer. Mi hermana mayor recordaba que, cuando me miro por primera, vio mis ojos grades y llenos de vida y brillo y pensó que había vendido a comerme el mundo.

Sin embargo, después de los siete años, ni siquiera yo me reconocía a mí misma. Comenzaron las preguntas y las reflexiones, durante las noches de desvelo: ¿cómo cambié tanto? ¿dónde se perdió el brillo en mis ojos? ¿cuándo dejé de ser una niña mimada y querida para convertirme en el terror de mi madre y de mi familia? ¿cuándo me convertí en la oveja negra de la familia? ¿qué maldición cayó en mí? ¿qué espíritu maligno se apoderó de mi alma? ¿cómo aprendí a llamar la atención haciendo berrinches? ¿por qué me volví destructiva y mentirosa? ¿dónde aprendí a decir tantas mentiras, a calumniar, a ofender sin derecho? ¿por qué busco venganza? ¿por qué intento meterme en la vida de los demás sin permiso alguno? ¿cuándo me sentí tan sola que necesité buscar refugio en el alcohol?

Los años pasaron, cada vez más hundidos en los conflictos conmigo misma y con los demás. Para los catorce años de vida, ya era un total desastre. Nadie daba un peso por mí. Me encantaba perderme en el ruido de la discoteca y hacer enojar a mi mamá escapando de la casa sin pedir permiso. La mayoría de las noches durante mi adolescencia, me iba a dormir completamente alcoholizada, ahogada en el vino que le robaba a mi papá y que representaba, muchas veces, mi única cena. Sin el efecto del alcohol, no podía acallar las preguntas en mi mente para lograr conciliar el sueño.

Durante el día, me mantenía ocupada, limpiando casas por las mañanas y estudiando por las tardes. A la edad de catorce años, quise hacer algo por mí: parar y alejarme del camino equivocado. Entendía que, si continuaba así, no llegaría a ningún lado. Entonces llegó el retiro espiritual que le comenté previamente, donde la verdad de mi rebeldía se mostró frente a mí en el altar y marcó un cambio completo en mi vida. Comprendí el motivo por el que dejé de ser la niña mimada, la reina de la casa. Lloré por esos momentos, preguntándome dónde estaba mi madre, dónde estaba mi padre, dónde estaban mis hermanos. Ese hombre cruel y ruin me lastimó y mi familia permitió que me lastimara. Mi rebeldía tenía fundamento y tenía culpables.

El abuso recién descubierto se sumó a las golpizas y las frases hirientes que mi madre me dijo cuando era niña, en un intento por domesticarme, por calmar mi rebeldía. Las palabras quedaron muy grabadas en mi subconsciente y, por años, aniquilaron el amor propio que sentía por mí, causando muchos estragos que aún continúo resolviendo a la fecha, con cuarenta y cinco años.

Quizá usted ha pasado por lo mismo; quizá con mi historia, usted ha podido entender algo de usted. Tal vez ahora entiende el motivo por el que es rebelde o, por el contrario, callada y obediente. Por ello, me gustaría que usted pensara en sus años de adolescencia y mirara hacia el pasado para entender lo que viviste, con el objetivo de identificar el evento que te orilló a perder el amor propio con el que viviste, el camino en el que te perdiste.

Ahora siendo coach de vida, entiendo que existen infinidades de eventos emocionales que llevan a los seres humanos a perder la autoestima y el amor a una misma; sin embargo, entiendo que la conciencia y la aceptación nos ayudan a reencontrar ese mágico y maravilloso amor con el cual llegamos a esta hermosa vida.

«Si la ofenden, bendígalos
con una cachetada de
amor».

«La mujer con amor
propio, se reconoce desde
lejos por sus frutos».

CAPÍTULO
3

RECUPERANDO LA ESENCIA DEL SER

«Tuve que aprender a relacionarme conmigo para conocerme y reconocerme».

MALOS HÁBITOS

Una de mis grandes pasiones era conocer a todos y darles consejos. Gozaba escuchar la vida de los demás y tratar de arreglar sus problemas. Disfrutaba dar opinión y decir a todos lo que debían hacer o dejar de hacer. Por años viví así, inmiscuyéndome en lo que no me importaba. Me parecía sencillo indicar a las personas (en especial a las mujeres): «Dale por allá, no, mejor por acá» y así sucesivamente.

Ahora entiendo que todo esto lo hice con una sola intención: evitar mirar dentro de mí, evadir el proceso de conocerme y reconocerme de nuevo, para evitar descubrir el abuso sexual de mi niñez.

Le diré algo muy sincero, desde adentro de mi corazón: cuando finalmente me atreví a asomarse a mi interior, tuve miedo, sí, mucho miedo. Intuía que, si seguía buscando en el pasado, iba encontrar mucho más heridas y no me iba a gustar. Para mí fue más cómodo y fácil ignorar mi pasado y enfocarme en vivir como creía que se debía vivir. Con el gran paso del tiempo y al llegar a los cuarenta años, me volvió esa necesidad de saber más de mí.

Ya me había peleado con muchas personas, entre ellos mis hijos ya mayores, con su propia identidad y sus propios pensamientos, porque no hacían caso a mis consejos. Entonces pensé: ¿será que yo soy la que estoy mal? ¿será que yo soy la que tengo que cambiar su forma de pensar y de sentir?

Recordé mi tiempo en el retiro. «Pide y se te dará». Comencé a rogar una vez más a Dios para que me pusiera en el camino las respuestas, así como aquella vez en mi adolescencia. Esta vez la epifanía no ocurrió en la iglesia porque yo para entonces me había peleado también con la institución católica. Pero sí ocurrió en un retiro: un retiro en medio de una montaña alejada de la ciudad al que me invitó una amiga que conocí por medio del internet.

UNA SEGUNDA OPORTUNIDAD

Me inscribí al retiro junto con mi mejor amiga. No quería ir sola, al saber que podría descubrir cualquier cosa y podría haber estragos importantes. Necesitaba alguien a mi lado, brindándome su apoyo. Ya estando en el retiro espiritual, comencé a sentirme mal físicamente. El lugar era precioso, algo en mi interior me gritaba: «corre, huye, vete de aquí». La estancia sería por tres días y dos noches. Durante la primera noche, no logré dormir absolutamente nada. Un miedo que jamás había sentido me acompañó toda esa noche. Cuando amaneció y llegó la primera reunión, yo estaba enojada, con frío y la cabeza me quería explotar. Ahora entiendo que eso lo hace el miedo a lo desconocido: el miedo a lo que podría descubrir de mí, a mi oscuridad.

El coach espiritual comenzó a hacer preguntas durante la primera sesión. Cuando fue mi turno, me preguntaron por qué estaba ahí. Con todo y el enojo, frío, miedo y desvelo, le respondí: «Quiero saber porque soy tan buena para despegarme de todo y meterme en la vida de los demás sin que me lo permitan. Me gusta ayudar, pero sólo para que digan que soy muy buena y así, poder sentirme importante. Tengo ese conflicto que acabo de identificar. Estoy aquí porque no me siento normal. Siento que voy por la vida sólo dañándome y dañando. El desapego permite que olvide todo fácilmente, tanto como dolor como el rencor. No sé cómo guardar nada, ni material ni emocional. Me desprendo de todo y todos sin pensarlo No me pesa. En los últimos años, esto me ha causado mucho daño porque no logro entender a las personas. Me desespero porque no ven la vida de la misma manera que yo». El coach espiritual sonrió y me dijo: «Ven conmigo, todo esto lo vamos a trabajar juntos».

TRANSFORMANDO LA COTIDIANIDAD

Al llegar a casa y regresar a la vida normal, me di cuenta de que lo que había encontrado en la montaña, no era suficiente. Tenía que haber algo más detrás del desapego y de mi necesidad por entrometerme en la vida de los demás e intentar influir sobre sus decisiones. Algo dentro de mí me decía esa es la punta del iceberg y que necesitaría un traje de buceo para sumergirme en lo más profundo de mi ser. No importaba si dolía, si me causaba enojo, si me robaba el sueño. Ya había peleado demasiado con los demás, ya había agotado todas las posibilidades sin tener resultados positivos. Era momento de hacer un cambio significativo para mí y por mí. No me podía quedar a medio camino. Toda la vida había comenzado muchas cosas y todas las dejaba a la mitad. En esta ocasión, tenía que organizar el rompecabezas completo. Yo era la única responsable. Nadie más podría ayudarme. Yo sola tenía que recuperar mi ser sin culpar a nada ni a nadie. Entonces me hice estas tres preguntas: 1. ¿Dónde aprendí a querer solucionar la vida de los demás? Desde niña tenía que hacerme notar para no perder mi lugar en mi familia y poder continuar sintiendo que pertenecía a algún lugar. 2 ¿Cuándo fue que aprendí a desapegarme de las situaciones, personas y objetos? Desde el abuso sexual de mi niñez, donde me vi obligada a dejar ir el dolor y el miedo, a bloquearlo de mi mente, para seguir adelante 3. ¿De qué me sirvió compararme una manera inadecuada? Únicamente me orilló a dejar de ser quien realmente vine a ser.

«Empújese antes que
alguien más la empuje en
un momento incorrecto».

«Conocerse, amarse y
valorarse a una misma, es
un arte».

CAPÍTULO
4

HALLANDO UN BALANCE EN LA VIDA

«Use el arte de morir y renacer».

EL RENACER DE LAS CENIZAS

El hecho de saber lo que está ocurriendo en nuestro interior permite que podamos dejarlo ir en vez de ocultarlo, quitándonos finalmente esa máscara para comenzar a vivir más ligeros y así, encontrar el propósito de nuestra preciosa y única vida. En esa ocasión me había propuesto trabajar sin parar y ni escatimar tiempo y hacer lo que se tuviera que hacer, aunque doliera. Quería recuperar mi ser para ser de nuevo yo misma.

Mi mamá ya había partido al cielo; era tarde para hacerle todas las preguntas y contarle todas las cosas como me hubiera gustado. Sólo podía apoyarme en mi hermana, diez años mayor que yo. Teníamos y tenemos hasta la fecha una muy buena relación y comunicación. Fue para mí como una segunda madre, siempre a mi cuidado y brindándome su amor. A ella le conté todo lo que me había pasado de niña y que lo había recordado en aquella iglesia del retiro al que ella me había llevado. Le conté el motivo por el que consumía tanto alcohol y motivo por el que iba tanto a la discoteca. Esa conversación me permitió liberarme de un peso enorme. Comencé a sentirme diferente, libre de los secretos que me habían alejado de mi verdadero ser. Mis días cambiaron. Empecé a escuchar numerosos audio-libros y leer ejemplares de superación personal. Apagué el televisor y bajé el volumen de la música. Dejé de acudir a fiestas. Me concentré en mi misma.

LA TRANSFORMACIÓN

Ahora reconozco la importancia de compartir los secretos y los miedos con alguien de confianza, que lo sepa entender. Gracias a esta platica con mi hermana, superé mis miedos y nació la inquietud de desaprender para aprender. Con ello, llegó a mí información por vía electrónica sobre el Coaching de Transformación Personal, cual hablaba justamente de lo que yo quería aprender. ¡Era todo lo que estaba buscando! Hice una llamada, pedí información y rogué para que me permitieran inscribirme. No sabría cómo pagaría esa carrera porque para entonces yo ya tenía años sin empleo y dependía completamente de mi esposo, quien aún no sabía de nada de lo que yo pretendía iniciar.

Finalmente me armé de valor y le comenté a mi esposo. Él me brindó su apoyo total, sabiendo que la persona en la que me estaba reconvirtiendo lo hacía más feliz y me hacía más feliz. Se me iluminó el cielo. Le agradecí y me preparé para el gran día.

El momento llegó pronto. Mis anhelos se hicieron realidad y el sueño estaba por comenzar. Me senté en un pupitre con mis cuadernos y muchas ilusiones de reencontrarme y de lograr un balance en mi vida. En las primeras clases descubrí que tenía demasiadas creencias limitantes, moldeadas durante mi niñez y adolescencia por el arquetipo de mi familia. También me di cuenta de que había formado un arquetipo de personalidad. Era normal y esperado: así ocurre en todo ser humano. Por fin podía comprenderme sin pelear ni culpar a nadie. Esta vez, analizaba y entendía todo sin juzgar. Asimilé que los arquetipos estaban presentes en mi nombre, mis apellidos, mi región, mi forma de comer, mi forma de actuar, mi forma de enfrentar los conflictos. Dilucidé también cómo es que se habían formado las máscaras que tenía y usaba cada día. De ese modo, me di cuenta de que me cubría una sombra y yo la había alimentado bastante: estaba en mis manos decidir si la alimentaría más.

Estaba feliz de poder estar en un lugar donde estaba *aprendiendo* a *desaprender*. En el comportamiento de mis compañeros de clase podía ver que ellos, al igual que yo, tenían heridas en su alma y en su ser, que también usaban máscaras y sombras y que, al igual que yo, se habían sentido perdidos y señalados.

MARIPOSAS UNIDAS

Durante una de las clases, le compartí a la maestra que yo había formado una página en internet cuando mi madre falleció. Su nombre era Mariposas Unidas. La había formado sin saber cuál era su propósito. Sólo tenía un deseo inmenso de poder apoyar a otras mujeres que se sintieran como yo. Al estar yo tan dañada, atraje mujeres heridas, desvalorizadas, carentes de amor propio. Y yo no podía ayudaras porque no sabía cómo hacerlo. Sólo podía aconsejarlas respecto a aspectos muy básicos como sugerir un divorcio o la independencia de su marido. Nada más. Algunas se separaron; otras me dejaron de hablar porque no me comprendían. ¿Cómo podían entenderme si ni yo misma me entendía?

La maestra me explicó que entendería todo lo que hacía y había hecho. También me indicó que esa página y esas mujeres se transformarían junto conmigo conforme yo desaprendiera y aprendiera de nuevo.

Mi vida estaba logrando un balance por fin. Alguien me ofrecía las explicaciones que tanto necesitaba. Vivir por vivir no era suficiente para mí. ¿Por qué debería arrastrarme si sentía el anhelo de volar?

Verónica Gutiérrez

«Si usted se ofende es
porque acertaron en sus
defectos».

«Pies para qué los quiero
si tengo alas para volar».

—*Frida Kahlo*

CAPÍTULO
5

DEJAR EL AUTOSABOTAJE

«Quien evita
el fracaso, está
evitando
el éxito».

ROMPIENDO LOS CÍRCULOS VICIOSOS

Con la carrera, llegó mucha nueva información a mí. Comencé a tener miedo porque sabía que estaba dejando de ser quien fui por toda una vida. Y allí comenzó el auto sabotaje una vez más. Equivocadamente, pensaba que si continuaba desaprendiendo me quedaría sola y perdería la identidad de oveja negra descarriada, una identidad cómoda y segura.

Afortunadamente, una voz dentro de mí, tenue y lejana, me impulsaba a seguir hacia el frente, sin retroceder. Me recordaba el compromiso que había hecho conmigo misma, con mis hijos, con mi esposo y con esas mujeres que, sin conocerme, habían confiado en mí.

¡No podía ignorar la verdad! Ya había terminado la carrera de coach de vida y podía reconocer cuando actuaba como víctima, verdugo o directriz de mi vida. Aún había camino por delante. Era momento de llevar a cabo el siguiente paso de mi formación: Consultoría de la Felicidad, donde aprendería a ser feliz con lo que tenía ya desaprendido y aprendido. Allí me encontré con palabras como el amor propio, autoestima y valorización. Yo había hablado mucho al respecto con las mujeres de la página, pero no lo practicaba porque no sabía cómo hacerlo.

REINVENTANDOME DESDE EL INTERIOR

Con el nuevo curso, me empapé de toda la información de amor propio. Lo intensifiqué y lo apliqué en mí. Los cambios se notaron drásticamente desde el inicio, tanto en mi físico como en mi ser. Hablaba diferente y pensaba diferente. Cada día descubría aspectos de mí que nunca imaginé que tenía. Comencé a ser muy positiva y dejé de buscar la lastima de la gente. Había escapado de la oscuridad y ahora me gustaba ser la luz en la vida de las mujeres, para inspirarlas en lugar imponerles mis ideas. Yo quería que ellas, al igual que mi esposo y mis hijos, aprendieran de mi por medio del ejemplo. Esta vez, no me dejaría llevar por el aprendizaje viejo y arcaico, sino por toda la información novedosa e increíble que estaba aprendiendo. ¡Seguiría buscando incluso por debajo de las piedras hasta saber todo lo que tenía que saber!

«Derechita, hija, que con joroba nadie luce bien».

«Siempre quise
pertenecer al rebaño de
ovejas blancas y vaya
que me esforcé para
poder lograrlo; sin
embargo, me fue
imposible domesticar
mis alas. Ellas sólo
querían ser libres y
conocer el viento».

CAPÍTULO
6

TOMAR LAS RIENDAS DE MI VIDA

«Es importante tomar decisiones y respaldarlas con acciones»

LA VIEJA YO

«El valiente vive hasta que el cobarde quiere», dice el dicho. Contradictoriamente, yo era la cobarde, pero también, la valiente. No es fácil enfrentarse a una misma ni, mucho menos, a todas esas máscaras y sombras.

Entre una de las primeras máscaras que encontré fue mi miedo al tener dinero de sobra. De inmediato tomé riendas a este asunto. Por años yo había sido empleada y el dinero se me escapaba de las manos. Jamás podía ahorrar un solo centavo y, si lo llegaba a ahorrar, lo tenía que pagar por causa de alguna enfermedad o alguna factura adicional. El origen de esa aversión por el ahorro se remontaba a mi infancia, donde escuché decir que el dinero era malo y que los ricos se iban al infierno. Me di cuenta de que esas creencias estaban enraizadas en mí, tanto que me sentía pecadora si tenía dinero en mis manos. Cuando dejé de laborar para dedicarme a ser ama de casa, me sentía más cómoda porque así no tenía dinero en mis manos. Esa creencia, al igual que las demás, surgieron de mi familia, de la iglesia, de mis vecinos y del entorno en el cual me había desarrollado.

LA NUEVA YO

Ahora me resultaba más sencillo viajar al pasado y rescatar información porque, gracias a lo aprendido, ya había desbloqueado gran parte de mi niñez y podía identificar de quién había copiado mis actitudes. Sin juzgar, observaba cómo vivían las demás personas y me liberaba de las enseñanzas nocivas que ellos me habían dejado. Tomé las riendas de mi vida en varios aspectos y sujeté mi nuevo destino. Con Dios como mi timón y yo firme en el barco, me dejaba guiar por nuevas creencias, todas fundamentadas en el conocimiento, lo cual me permitía sentirme feliz y llena de paz. ¿Quién diría que para estos tiempos ya no sería ni la sombra de lo que un día fui?

«No destruya su vida
queriendo complacer a
los demás. Las flores
sin tierra ya están
muertas».

«Mamá, cuida de mi inocencia. No permitas que yo crezca con los mismos miedos con los que tú creciste».

CAPÍTULO
7

LA TRANSFORMACIÓN

«Justo cuando la oruga pensó que era
su final, se trasformó en mariposa».

UN NUEVO COMIENZO

En esta vida, todo ser llega para una misión. Nadie viene nada más por venir. Algunos son protagonistas, otros son espectadores, pero todos tenemos un puesto, una misión y un destino. Finalmente había logrado reconocer mi talento, tenía que ponerle título para que me identificara. En el curso para ser coach de vida había aprendido que primero tenía que establecer la visión y luego, encontrar la misión. Para ello, me habían hecho una serie de preguntas en una de las clases. Los resultados apuntaban a que debía aprender amarme y valórame en todos los aspectos para así poder transmitirlo a los demás.

Ya bien establecida la visión, era momento de establecer la misión. La oruga tenía que transformarse sí o sí. No había espacio para excusas, pues ya las había identificado una a una y, en conjunto, formaban esa sombra que había alimentado por años: esa sombra que vivió dentro de mí y me tomaba por sorpresa cada tanto.

CRECIENDO CADA DÍA

Continué mi educación. El siguiente escalón en mi formación académica era la carrera Mentes Maestras con Reprogramación Neurolingüística, en la cual se estudia la conexión entre el cerebro y el corazón, con el objetivo de pensar antes de hablar.

Con cada nuevo aprendizaje, me deslumbraban las puntas de mis alas de mariposa. La transformación era evidente, muy evidente. Había dejado de ser una completa ignorante de mi vida para transformarme en alguien que se conocía completamente por dentro y por fuera. En ese momento, al fin, la frase «Te amo porque me amo» adquirió validez. Ya podía y sabía amarme porque me conocía y ya podía amar a los demás sin juzgar porque podía entender sus máscaras y su sombra.

Ahora sabía que era el amor propio y la valorización venía integradas en cada ser humano y podía rastrear el momento y la causa por los que lo habían perdido, así como yo lo perdí. Afortunadamente, sabía también cómo *reencontrarme* con el amor propio; conocía cada uno de los pasos a seguir. Podía entender finalmente la importancia de vivir, realmente vivir, antes de morir.

Verónica Gutiérrez

«Querer es poder».

«Amarse a uno mismo
es el primer escalón
para la
autorrealización».

CAPÍTULO
8

EN EL «QUERER» ESTÁ EL «PODER»

«¿No quiere o no puede?».

CAUSAS OCULTAS

En el querer encontramos el poder. Es posible trasformar nuestras vidas completamente. Yo soy testigo de ello.

Durante la profunda introspección que llevé a cabo, pude ver que el mayor obstáculo de un ser humano es uno mismo. Es normal y sigue siéndolo hasta que cada uno decide que no lo es, hasta que cada uno deja de poner pretextos y decide navegar en los adentros de su ser.

Conocernos nos permite superar nuestros miedos y luchar por nuestras metas. Permite eliminar las máscaras inservibles. Por ejemplo, yo tenía la máscara que me hacía sentir vieja para estudiar y para crecer profesionalmente; sin embargo, como dice el dicho, «más vale viejo por conocido que malo por conocer». ¿Puede imaginar usted la infinidad de creencias que hay en nuestra mente? Sólo es posible notar su existencia cuando hacen tanto ruido que nos aturden y nos confunden, como si hubiéramos bajado de la rueda de la fortuna.

Entonces viene la visita al doctor. Está elevado el colesterol, está alta la presión, dice el médico. Es momento de iniciar una dieta, bajar de peso, realizar ejercicio.

Sin embargo, yo, como coach de vida, puedo recomendarle a usted que, además de seguir las indicaciones del médico, busque dentro de usted e identifique el enojo reprimido en su corazón, el secreto guardado por años, las emociones escondidas por miedo al qué dirán. Cada enfermedad tiene una causa emocional. Por ejemplo: alguna persona puede tener sobrepeso para protegerse de su abusador.

VENCIENDO A LOS DEMONIOS

Por muchos años, luché con el sobrepeso y con una menopausia precoz. Sin pensarlo, recurría al sobrepeso para protegerme del recuerdo de mi abusador. Era un clásico ejemplo de autosabotaje, donde vivía de dieta en dieta, haciendo ejercicio y el poco peso que lograba bajar, lo recuperaba pronto. Además, desde que tenía veinte años, yo padecía de sofocos nocturnos, similares a los que mi mamá presentaba. Eran una máscara de las enfermedades psicosomáticas. Mamá murió de neumonía por no hablar de los secretos de su infancia y mi hermana mayor, de cáncer en el estómago por tragarse tanto dolor. Es por ello que resulta fundamental conocer las máscaras y su sombra para descubrirlas y trabajarlas.

Es en este contexto donde es posible llegar a conocerse, si se quiere en realidad. Y no sólo lo que dicta el alma: también reconocer el cuerpo y las señales que manda. Gracias a este querer, yo estoy logrando muchos sueños que creía que sólo eran para los que tienen mucha suerte o nacieron en cuna de oro.

Hasta el día de hoy, he logrado lo que me propongo con mucha dedicación y empeño. Después de terminar de estudiar todo lo referente al coaching, carrera que me dio mis dos alas para volar, decidí estudiar algo más. Me formé como conferencista con uno de los mejores, el Dr. César Lozano. Yo era parte de su club de admiradores. Dejé de sentarme en las butacas de atrás y tomé un lugar preferencial frente a él como su estudiante.

Cada vez, el querer lograba más y más éxitos y me alejaba de la sombra triste de quien fui. La que creía que sólo había venido a nacer, crecer y morir, estaba trascendiendo.

Así que hoy, le hago a usted esta pregunta, que a mí me parece la más importante y poderosa para iniciar ese viaje de introspección y éxito: «¿No quiere o no puede?».

Verónica Gutiérrez

«Cada ser humano es
autentico y original,
inspirado en la creación
perfecta».

«Siempre hay una
segunda oportunidad
para cambiar de
rumbo».

CAPÍTULO
9

LA AUTENTICIDAD

«Sé lo que quieres ser, pero sé real».

Con el tiempo me he dado cuenta de que tengo dos opciones: dejar de ser la oveja descarriada o convertirme en la mejor de las ovejas descarriadas. Me gusta mucho más la segunda alternativa. Ahora sé que soy una paciente feliz identificada. Ese es mi nuevo título. Me pueden llamar loca, pero ahora bendigo a quien nota mi bendita locura.

Entre lo que fui de niña y lo que soy ahora, conservo aún mi espontaneidad porque me di cuenta de que era completamente mía. También mantuve en mi persona el afecto, la comprensión, la generosidad, la bondad y el desapego porque los reconozco como propios.

Trabajé mucho para discernir si me gustaba dar a los demás sólo por llamar la atención o porque realmente había nacido con ese don y entendí que era un don altruista. También me esforcé para encontrar la luz en el desapego. Entendí que ese talento me había servido toda la vida para no guardar rencores en mi alma y así poderme reencontrar conmigo misma como lo he logrado hasta ahora. El bendito desapego me hizo ser una mujer sabia, capaz de auto- sanarme.

Por último, conservé mi creatividad porque era mía. No la copié ni la inventé. Y esa creatividad ahora es la que me ayuda a crear nuevas experiencias y nuevos sueños que quiero cumplir y voy a cumplir.

«Yo puedo, yo quiero
y yo soy capaz».

«El amor
lo puede todo».

CAPÍTULO
10

LA
AUTORREALIZACIÓN

«Nada que deber,
nada que temer».

Se acabaron para mí los «no puedo», «no debo», «no merezco». Ahora es el momento. Estoy donde realmente debería estar. Llegó el momento de salir al mundo y dar a conocer a esta mujer fuerte y guerrera de vida en la que me he convertido. Creo en mí. Verdaderamente, creo en mí. Pero también, creo en usted. Sé que pone el suficiente interés y lucha por crecer, si toma acción a su vida, pronto nos veremos en algún escenario, compartiendo nuestras vidas.

Los límites los establece usted misma. Yo ya no temo a la crítica ni al qué dirán. Aprendí que quien critica, critica porque miedo a su propia oscuridad y que yo, con mi luz cegadora, sólo los incomodo al recordarles que no han luchado por encender su propia luz. Acepto mi locura, porque sé que es así como se logran grandes cosas.

Mientras escribía este libro, mis hijos me observaban y suspiraban. Eso me alimentaba aún más. Sé que, en un futuro no muy lejano, ellos también estarán escribiendo su libro, su historia de vida, y eso será el mejor legado que yo les pueda dejar. Ellos, igual que yo, se reencontrarán y se valorarán. Hablarán por ellos mismos y no por los demás. Leerán este libro y entenderán que pueden cambiar, pueden enamorarse de sí mismos, pueden decir: «Te amo porque me amo».

Durante la elaboración de este libro, el mundo estaba sumido en una pandemia, causada por el virus SARS-CoV2, mejor conocido como COVID-19 o Coronavirus 19. Por gracia de Dios, pude vivir la contingencia desde casa, sin tener necesidad de salir a trabajar. Al haberme sumergido en mis miedos y haberlos conquistado, me ha permitido entender lo que nos está pasando. Rara vez miro televisión. Tampoco escucho radio. El único medio por el cual me mantengo al corriente de los sucesos es por redes sociales. Por ese medio, alguien me mencionaba de algún deceso familiar por motivos del tal virus y, en lugar de entrar en pánico, reflexionaba: hay algo que no curaste en tu alma y eso te hizo un poco más susceptible al virus.

En el libro de Olga Méndez, *Rompiendo Lazos,* la autora habla de cómo liberarnos de las situaciones y de las ataduras. Ella menciona que el problema del virus era un cambio rápido de conciencia. Yo eso era exactamente lo que necesitaba y, por ello, me había encargado de mí: había dejado de sentirme víctima para hacerme responsable de mí y mi propia felicidad.

En mi entorno, el virus golpeó y yo sólo fui una espectadora de lo ocurría. Me sentí orgullosa al no intentar llamar la atención escribiendo cosas fatales por las redes sociales si no, al contrario, encargándome de publicar sólo lo relacionado con mi misión y pasión: el amor propio intensivo.

En este año 2020, la vida ha tenido un cambio total para mí. Hay proyectos prometedores. Nació la marca TAMPA, abreviatura de «Te amo porque me amo», y fue reconocida en los Estados Unidos de Norteamérica para la fabricación de productos, inicialmente ropa y multivitaminas para la mujer. Siempre con el objetivo de motivar aún más a las mujeres a cumplir sus sueños, así como yo lo estaba haciendo. Yo, una mujer migrante sin documentos legales, hasta la fecha, pero eso sí valorada y amada ya por mí misma. Con eso, están llegando a mí cada una de las oportunidades de crecimiento personal y profesional; también llegarán mis documentos muy pronto.

A la fecha, mi condición migratoria no es impedimento para poder lograr mis sueños y metas. Este libro, primeramente Dios, no será el único que escriba. Ya están listos dos más, que serán la continuación de mi legado, para mis hijos y para más mujeres que, como yo, decidirán amarse y valorarse sí o sí en esta preciosa vida.

Quitarnos creencias limitantes, máscaras innecesarias y cargas que no nos pertenecen es una bendita transformación total. Con esos cambios, se llega más lejos y se llega sin cansancio porque el viaje se disfruta, se goza y se bendice.

La invito a creer en usted, a ver más allá de sus creencias, a descubrir de que está hecha y para que está hecha. También la invito a que me apoyes y me permitas ayudar a que más mujeres. En el dar, está el recibir. Por ello, la invito a regalar un ejemplar de este libro a alguna mujer que le importe. Así como usted se regaló este libro por amor propio, dele a la oportunidad a otra mujer que está esperando un milagro en su vida. Conviértase usted en el milagro. Escriba al final de este capítulo a quien le hará este precioso regalo:

«Porque me amo, te puedo hoy amar a ti y mi deseo es que alcances tus sueños. Para lograrlo, te regalo este libro a ti: _____».

EPÍLOGO

En sus manos se encuentra el poder para reencontrar y rescatar el amor propio, como lo hemos visto y explorado en los diez capítulos previos, durante los cuales aprendimos a actuar y salir al mundo y también, entendimos las consecuencias de perder el amor propio. De igual manera, nos adentramos en nosotros mismos para poder descubrir que las heridas de nuestra niñez se ocultaban en el subconsciente y, al llegar a la adolescencia y la edad adulta, nos ocasionaron estragos.

Una vez habiendo detectado las causas de la desvalorización y trabajado en ellas, es posible entender que lo que pasó, pasó y encontrar el balance de la vida. Con ello, se comienza a vivir una nueva historia de vida, más plena, más feliz, más exitosa, más libre: una vida que nos pertenece y permite que el amor propio florezca. Así mismo, nos permite notar cuándo y porqué nos saboteamos, dificultando crecer y cumplir la misión y con ello, el éxito.

Tomar las riendas de nuestra vida y dejar de controlar la vida de los demás es un reto, sobre todo al enfrentar esa parte cobarde que nos impide encontrar a la gran mujer valiente que vive en nuestro interior. Pero la transformación es justa y necesaria. Lo más importante es tener en claro cuál es nuestro propósito en la vida y así, mostrar en el espejo ese brillo en los ojos que sobreviene con la aceptación total nuestro ser.

«Querer es poder» se puede aplicar a la conciencia máxima. Si uno quiere, realmente quiere, no habrá obstáculo alguno que limite cumplir los sueños. Además, ser auténticos nos posicionará en el lugar justo en el que podamos brillar sin máscaras, mostrando nuestra esencia y transmitiendo amor.

Realizarse con todos los dones y talentos ya descubiertos y redescubiertos, lo hará llegar a sus metas más soñadas y anheladas. Los imposibles ya no existen.

Hemos llegado al final de esta historia. Quiero agradecerle por atreverse a formar parte de mi historia. Aprecio su tiempo y sus suspiros, así como la confianza que depositó en mí al leer estas páginas, que fueron escritas desde mi corazón y mi alma. Confío en poder dejar un chispazo de luz en usted, similar al que despertó en mi pecho cuando descubrí la importancia del amor propio.

FRASES CÉLEBRES Y REFLEXIONES DE LA AUTORA

«Te amo porque me amo».

«Debemos vivir. Lo demás, lo iremos viendo».

«De mujer a mujer, libere su amor propio».

«Las alas no son de lujo. ¡Úselas ya!».

«Si la ofenden, bendígalos con una cachetada de amor».

«La mujer con amor propio, se reconoce desde lejos por sus frutos».

«Empújese antes que alguien más la empuje en un momento incorrecto».

«Conocerse, amarse y valorarse a una misma, es un arte».

«Si usted se ofende es porque acertaron en sus

defectos»

«Pies para qué los quiero si tengo alas para volar».

—Frida Kahlo

«Derechita, hija, que con joroba nadie luce bien».

«Siempre quise pertenecer al rebaño de ovejas blancas y vaya que me esforcé para poder lograrlo; sin embargo, me fue imposible domesticar mis alas. Ellas sólo querían ser libres y conocer el viento».

«No destruya su vida queriendo complacer a los demás. Las flores sin tierra ya están muertas».

«Mamá, cuida de mi inocencia. No permitas que yo crezca con los mismos miedos con los que tú creciste».

«¿De dónde almacené tantos miedos? ¿Cómo me colmé de falsas creencias, que me limitaron por tantos años? ¿De quién es la culpa de dejar de ser por ser? ¿Cómo me hundí en mi propia oscuridad?

Después de hacerme estas y muchas más preguntas, llegué a la conclusión de que no existían culpables. Me responsabilicé de mis días. Abracé mis cicatrices.

Enfrenté mis miedos y todas mis locuras. Con ello, la luz apareció y lo llenó todo».

«Dejé de cargar maletas pesadas y comencé a observar que absolutamente nadie llega muy lejos con demasiado equipaje».

«No existen personas exitosas o personas fracasadas en la vida. Lo que sí existen son personas que van en busca de sus sueños y otras que desisten de ellos».

«Guardo una fotografía mía, tomada hace alrededor de diez años. Justo en ese momento, estaba pasando por una depresión tremenda. ¿Quién diría que las mujeres positivas y fuertes padecemos de depresión en algún momento de nuestras vidas? Es real. Lo vivimos. Yo misma lo experimenté por tres largos años y logré salir victoriosa por una dosis alta de medicamento y el amor y el apoyo de la gente a mi alrededor».

«Hoy platiqué con mi hijo mayor y le pedí perdón por los años que estuve ausente de su vida. Le insistí en que no debía aprender esa parte de mi vida. También le aseguré que estaba a su lado, más sana y más firme que nunca, para acompañarlo a él y a su hermano. Le expliqué que debía imitar mi fortaleza y mi capacidad de emprender. Enfaticé la importancia de dejar ir las emociones antes de que estallen en depresiones y de siempre amarse a sí mismos. Lo animé a luchar siempre con amor por sus propios pensamientos y a defender su libertad para conformar sus ideas, lejos de mis doctrinas antiguas y fuera de realidad».

«Te amo, Miguelito Velázquez, y te respeto porque tú ante todo eres mi gran maestro. De la mano de Dios y de las ganas que tengas por criar unos hijos felices y sanos, depende sanar. Los amo porque me amo».

SOBRE LA AUTORA

María Verónica Gutiérrez Franco nació el 22 de noviembre de 1974 en la Ciudad de Compostela, Nayarit, y es hija de Luis Gutiérrez Rodríguez y Carmen Franco Rentería. Cursó sus estudios elementales en la Primaria «Vicente Guerrero» y, posteriormente, en la Secundaria «Raúl Ernesto Delgado Barrios». Más adelante, llevó a cabo estudios en la Escuela de Cosmetología «Él y ella».

A la edad de 17 años, emigró a el país vecino de Estados Unidos de Norteamérica y a los 18 años, se unió en matrimonio con Miguel Velázquez Flores. Pronto completaron su familia con dos hijos varones: Miguel Velázquez Gutiérrez y Julián Velázquez Gutiérrez.

Actualmente es conferencista, coach de vida, escritora y Fundadora del «Grupo Mariposas Unidas».

Su cita célebre favorita es: «Te amo porque me amo»

Información del contacto:

Teléfono móvil: +1-323- 893-3252

Correo electrónico: verot3@yahoo.com

ALEJANDRO C. AGUIRRE PUBLISHING/EDITORIAL, CORP.

¿QUIÉNES SOMOS?

Una Editorial Independiente que publica libros, con excelentes contenidos que captan la atención y el interés del lector. Ofrecemos nuevos soportes y materiales, una gran oportunidad para escritores y autores independientes. Complementando este propósito contamos con nuestra revista neoyorquina bimestral, «Re-Ingeniería Mental Magazine». Dirigida a la comunidad en general de los Estados Unidos y orientada a la difusión de información relevante en temas de interés social. La meta primordial es cumplir con las exigencias del mercado y la satisfacción de nuestros amigos y clientes, con una importante plataforma para promover sus productos o servicios al público.

DECLARACIÓN DE MISIÓN

Contribuir con cada libro y mensaje que nuestros autores transmiten en el desarrollo y la transformación de individuos, grupos y organizaciones. A través de una plataforma enfocada en la autoayuda, la sanación, la productividad y la evolución de todos como humanidad.

Las obras impresas o digitales, los productos en audio y video, las conferencias y seminarios en vivo o vía Internet y la revista «Re-Ingeniería Mental Magazine», son las tres áreas en las que desarrollamos una gran variedad de contenido en los siguientes ámbitos y temas: Superación personal y familiar, motivación, liderazgo, autoayuda, salud física y mental, re-ingeniería mental, nutrición, belleza, inteligencia financiera, ventas, educación, cultura, arte, novela y poesía, entre otros.

Tópicos necesarios y valiosos para la comunidad que empieza a despertar a una nueva conciencia individual y colectiva, que desea informarse, formarse y empoderarse.

A los propietarios de negocios, empresarios y profesionales les brindamos una plataforma novedosa, interesante y productiva, para dar a conocer lo que ofrecen al mercado.

Alejandro C. Aguirre, mexicano residente en los Estados Unidos, fundador y preside en la actualidad de *Alejandro C. Aguirre Publishing/Editorial, Corp.*

«Una persona usualmente se convierte en aquello que cree que es. Si yo sigo diciéndome a mí mismo que no puedo hacer algo, es posible que yo termine siendo incapaz de hacerlo. Por el contrario, si yo tengo la creencia que sí puedo hacerlo, con seguridad yo adquiriré la capacidad de realizarlo, aunque no la haya tenido al principio».

—Mahatma Gandhi (1869-1945)
Abogado, pensador y político hindú.

Verónica Gutiérrez

OTROS TÍTULOS EN ESPAÑOL

108. Mujer Resiliente (Esperanza Rodríguez)
109. Emociones Positivas (Alvin Almonte)
110. Sanando en Papel (Guadalupe Pinto)
111. Aprendiendo a Desaprender (Guadalupe Villaseñor)
112. Descubra el Secreto de la Mujer Latina (Lucia Quintero)
113. Yo Puedo. ¡Si Puedo! (Vanessa Galindo)
114. El Camino de la Vida (Yeni Sotelo)
115. El Comienzo de una Nueva Historia (Gema Cruz)
116. Vacío Existencial IV (Alejandro C. Aguirre)
117. Manual para Escribir un Libro (Alejandro C. Aguirre)

OTROS TÍTULOS EN INGLÉS

1. Invincible (Alejandro C. Aguirre)
2. The Dream of Little Joseph (José Francisco Huizache Verde)
3. Josue, The Lost Little Snail (Blanca Iris Loría)
4. The Orange Princesses (María Ángeles)
5. Of Snow and Christmas (María Ángeles)
6. Learning to Live (Lucio Santos & Angelica Santos)
7. Beauty Inside and Out (Azucena Mancinas)
8. Help! I Am Losing the Love of My Life (Erika Gabriela Rivera)
9. Liberating the Warrior (Eliberto Calderon)
10. Transcendent Brave Woman (Lorena Mendoza)
11. I Can Do It. Yes, I Can! (Vanessa Galindo)
12. A Magical Awakening (Socorro Martinez)

RE-INGENIERÍA MENTAL MAGAZINE

1. Re-Ingeniería Mental Magazine: 1ra. Edición: Septiembre-Octubre 2019 (Salud Integral)
2. Re-Ingeniería Mental Magazine: 2da. Edición: Noviembre-Diciembre 2019 (Amor Propio)
3. Re-Ingeniería Mental Magazine: 3ra. Edición: Enero-Febrero 2020 (Renovación)
4. Re-Ingeniería Mental Magazine: 4ta. Edición: Marzo-Abril 2020 (Erudición)
5. Re-Ingeniería Mental Magazine: 5ta. Edición: Mayo-Junio 2020 (Autoeducación)
6. Re-Ingeniería Mental Magazine: 6ta. Edición: Julio-Agosto 2020 (Trascendencia)
7. Re-Ingeniería Mental Magazine: 7ma. Edición: Septiembre-Octubre 2020 (Transición Consciente)
8. Re-Ingeniería Mental Magazine: 8va. Edición: Noviembre-Diciembre 2020 (Ley de Sincronicidad)

Información y ventas ver «CATÁLOGO OFICIAL» en www.alejandrocaguirre.com.

TE AMO PORQUE ME AMO

TE AMO
PORQUE
ME AMO

TE AMO PORQUE ME AMO

Made in the USA
Columbia, SC
29 October 2020